LA RÉSISTANCE

A OUTRANCE

ET LA

LIGUE RÉPUBLICAINE

LA RÉSISTANCE

A OUTRANCE

ET LA

LIGUE RÉPUBLICAINE

PAR

E. LEVERDAYS

Una salus victis nullam sperare salutem.
Le salut des vaincus est dans leur désespoir.

PARIS

ASSOCIATION GÉNÉRALE TYPOGRAPHIQUE

BERTHELEMY ET Cⁱᵉ

19, RUE DU FAUBOURG-SAINT-DENIS, 19

1870

LA LIGUE RÉPUBLICAINE

DE LA

DÉFENSE NATIONALE A OUTRANCE

La Ligue Républicaine de la Défense à outrance fait appel à *l'initiative individuelle* de tous les véritables Républicains.

L'heure suprême est venue! Tous nous avons le droit de défendre la République et nos foyers comme nous l'entendons.

Ce droit est au-dessus de tous les autres. Elle engage tous les hommes énergiques à se *grouper*, à constituer leurs cadres et à faire adhésion à la Ligue Républicaine.

Ils devront élire un chef et un sous-chef de *section* par dix hommes, et un chef et un sous-chef de *groupe* par cent hommes.

Les groupements se feront par rue ou par compagnie.

Tous les cahiers d'adhésion devront porter en tête l'engagement ci-dessous et mentionner les nom, prénoms, adresse, bataillon, compagnie et profession de chaque adhérent.

Tous les cahiers d'adhésion devront être adressés au siége de la Commission, 129, rue Saint-Honoré.

ENGAGEMENT

Les adhérents à la Ligue Républicaine de la Défense à outrance s'engagent à défendre la République et la Patrie et s'opposent à toute idée d'armistice et de traité de paix avec l'ennemi tant qu'il occupera le territoire français, de quelque part qu'elle vienne.

Ils déclarent qu'ils luttent pour la liberté du monde et l'avénement de la République universelle.

Ils s'engagent, en outre, à reconnaître les chefs, essentiellement révocables, qu'ils auront élus et à se conformer au règlement dont ils ont eu connaissance et qu'ils ont librement accepté.

Ils prennent pour mot de ralliement la devise républicaine de 1793 : « La République ou la mort. »

NOTA. — Voir le *Réveil* et la *Patrie en danger* du 20 novembre, le *Combat* du 21 novembre, et la *Résistance* du 23 novembre.

Pour la Commission,

CH. BESLAY, président, GARNIER, ED. VAILLANT, CONSTANT-MARTIN, LEVERDAYS, Pierre GIRARD, GILET, DUPAS, NAPIAS-PIQUET, EUGÈNE CHATELAIN.

On s'inscrit :

1er arrond, 129, rue St-Honoré, siége de la Commission.

2e — 78, rue d'Aboukir, à la *Patrie en danger*.

3e — 6, place de la Corderie-du-Temple, et 54, rue Notre-Dame-de-Nazareth, chez le citoyen Arnauld.

4e — 1, rue Breton-Villiers, chez Garnier, et club Bourdon.

5e — Réunion publique, rue d'Arras, 3, de 8 à 10 heures du soir, et place Cambrai, 9, chez Ed. Roullier.

6e — Club de l'École-de-Médecine; 84, rue du Cherche-Midi, chez Beslay; 5, quai Voltaire, chez P. Girard et Grange.

10e — 70, rue du Château-d'Eau, chez Fortuné.

11e — Réunion, passage Raoul.

13e — — 190, avenue de Choisy.

14e — A la *Résistance*, 42, rue du Château.

18e — Au siége du Comité de résistance.

19e — Au siége du Comité de résistance.

20e — 42, passage Panoyau, chez Louis Lecamp, et 12, boulévard de la Villette, au Comité.

LA
RÉSISTANCE A OUTRANCE

ET LA

LIGUE RÉPUBLICAINE

A cette heure perplexe de la crise où nous sommes engagés une même pensée s'est fait jour à la fois sur plusieurs points de la capitale, sous des noms différents, sans entente préalable, spontanément ; pensée impersonnelle comme la voix de l'instinct qui répond à celle de la nécessité, irrésistible comme tout mouvement qui est dans la force des choses.

A la veille d'une action définitive, tous ceux qui pensent que l'honneur d'un peuple vaut mieux que la vie matérielle ont senti que dans l'éventualité d'un dernier coup de la fortune, ils n'auraient plus à compter sur rien que sur leur propre initiative. Résolution trop justifiée par les agissements antérieurs de nos gouvernants de septembre.

Un Pouvoir, quel qu'il soit, est habituellement en rapport de conformité avec l'idée que les circonstances qui l'ont fait naître le mettent en demeure de soutenir et de faire passer dans les faits. Celui-ci restera dans l'histoire comme une anomalie. Créé pour la défense, il n'a su, dès le début, sous ce nom antonymique, personnifier que les défaillances du sauve-qui-peut. Il n'a pas su se rendre compte de la puissance des forces révolutionnaires dont il disposait, ou plutôt ces forces lui ont fait peur. Jusqu'au dernier instant il a refusé d'admettre que la Nation, rendue à elle-même, fidèle à ses souvenirs, trouverait une fois encore son salut dans l'énergie de son désespoir. La

main sur le cœur de la France, il n'a pas senti qu'il battait.
Il n'a pas cru à la résurrection divine de la Patrie. Il a mieux
aimé se bercer d'illusions puériles, solliciter les bons offices
des chancelleries, mendier dans toute l'Europe les pitiés monarchiques. Il n'a cherché d'abord qu'à refouler et contenir
l'élan du peuple ; sa grande préoccupation a été..... *de ne pas
exaspérer le vainqueur*. Ce qu'il a fait, il l'a toujours fait trop
tard, preuve la moins équivoque d'impuissance révolutionnaire. Si la France, indignée de sa honte, a fini par se lever en
masse, son Gouvernement n'a rien fait pour provoquer ce vio-
lent effort. Elle n'aura dû son salut qu'à elle-même.

Déplorable contradiction. Conséquence douloureuse de l'éner-
vement impérial ! Dans cette chute inouïe et profonde, il fallait,
pour relever le pays, toute la vigueur et la rapidité de ces
moyens révolutionnaires qui auraient naturellement épouvanté
la faiblesse de populations énervées par l'influence de vingt
années de césarisme.

Cela est triste et de fâcheux augure.

Quelle foi auriez-vous dans le médecin qui aurait commencé
par se mettre en tête que vous devez nécessairement périr entre
ses mains ?

Ainsi pour moi des sauveurs politiques, surtout s'ils avaient
eu, entre autres inspirations malencontreuses, celle de se faire
les apologistes de *M. le maréchal Bazaine*.

Avec la meilleure volonté, ma sécurité serait précaire.

Je crains les hommes du pronostic, surtout quand ils ont
dans leurs mains tout ce qu'il faut pour confirmer leur pronostic.

Cependant il faut être juste, et je me hâte de reconnaître que
sous la pression de l'extrême nécessité un louable changement
s'est montré depuis quelques jours dans l'attitude de nos gouvernants, comme il arrive chez les hommes dont le degré d'initiative tient aux circonstances plutôt qu'il ne procède d'une
énergie qui leur soit propre. Leur réponse à la communication,
fallacieuse ou non, du général de Moltke, a été ce qu'elle devait
être, celle que leur commandait la dignité de la Nation dont ils
sont les chargés de pouvoirs, et la grandeur de leur mission,
qu'ils ont enfin paru sentir.

Quoi qu'il en soit, patriotes de vraie conviction, nous devons
ne nous fier entièrement qu'à nous-mêmes et prévoir tout ce
qui peut dépendre de nous pour n'avoir rien à nous reprocher.

C'est une première raison qui nous impose d'urgence la nécessité de nous unir au plus tôt en une LIGUE RÉPUBLICAINE, qui résiste en tout événement.

Ce n'est pas la seule.

Croyez-vous vraiment, citoyens, que tous les habitants de notre bonne ville de Paris soient des héros?

Pour moi, j'éprouve assez la tentation de le croire; mais comme j'ai le grand malheur d'avoir la mémoire longue, je me rappelle involontairement les gens d'il y a six mois et je me demande où ils ont pu passer.

Au fond de cet héroïsme inouï, qui nous fera briller dans l'histoire, bourgeois de Paris auprès Pontoise, comme des soleils éblouissants, combien grouillent de lâchetés honteuses, combien de poltronneries effarées, de brutales convoitises, d'appétences inavouées, inassouvies, terrifiées, rentrées, refoulées, exaspérées! Que de cœurs, mais aussi que de ventres!

Et d'autre part, aussi, combien de souffrances trop vraies, profondes, navrantes et poignantes! Dans cette population souffreteuse et débile, que de femmes chétives, qui végétaient naguères, succombent maintenant aux privations; combien d'entre elles, affaiblies, exténuées, n'ayant plus de force pour mettre au jour le fruit qu'elles ont porté, expir.nt, la mort faisant coup double; combien de pauvres enfants, dont la vie s'entretenait à grand'peine, comme une flamme incertaine, par l'huile de foie de morue et les analeptiques, prennent le chemin du cimetière, sevrés par l'incurie de nos dictateurs de l'alimentation fortifiante qui leur était indispensable! Rendez justice à ces pauvres familles, découvrez-vous, messieurs, devant leurs misères sans nom, car c'est dans la pieuse intention de ne pas faire peur à vos écus que les hommes timorés qui nous gouvernent n'ont pas craint de leur imposer cette détresse au nom trois fois saint de la Patrie. Car on le sait bien qu'avec ce mot irrésistible on fera tout accepter au pauvre peuple; on lui fera tout souffrir, il mourra de faim sans se plaindre, son héroïsme, qui s'ignore, habitude de résignation, n'ayant besoin de clairon ni de tambour. Ce n'est pas le peuple affamé qui a pensé jamais à livrer la Patrie; ce n'est pas lui qui déplore que le 31 octobre ait prévenu l'armistice : ce jour du 31, à la première alarme, au premier cri de la Nation qu'on livrait, les laborieux enfants de Belleville — que vous avez calomniés, et pour cause — sont descendus comme un seul homme, portant inscrit sur leur drapeau : *Pas d'armistice; résistance jusqu'à la mort!*

C'est bien : les meurt-de-faim nous ont sauvés ce jour-là;

mais le péril, momentanément écarté, est toujours menaçant, il ne faut pas que nous le perdions de vue.

Le flot de la réaction n'a pas cessé de monter. Aujourd'hui le premier événement peut amener la contre-partie de ce 31 octobre, l'émeute de la lâcheté, après celle du patriotisme.

Ce ne seraient plus les mines hâves et les visages farouches, mais de tout autres figurants, qui seraient à craindre par leur nombre et leurs influences.

Comme on voit les eaux débordées se ruer de toutes parts vers un point de la digue aussitôt qu'il s'est fait une brèche, nous verrions la masse effrayante des couardises, des égoïsmes, des appétits sensuels, des lâchetés comprimées, se précipiter d'un effort vers l'ouverture d'une capitulation qu'ils qualifieraient d'*honorable*. Ce jour-là, citoyens, il ne s'agirait plus d'un vote plébiscitaire, où nos bulletins seraient roulés en cartouches ; — car c'est le seul argument connu jusqu'aujourd'hui pour mettre à raison les poltrons.

S'ils veulent rompre la digue, il faut que nous, nous puissions la fermer.

Notons cela comme *deuxième raison* de notre LIGUE DE RÉSISTANCE.

Parmi les illuminations plus ou moins fuligineuses qui ont traversé le nébuleux Olympe où siégent nos fortes têtes de la défense nationale, une des plus remarquables a été sans contredit l'idée de convoquer UNE CONSTITUANTE pour s'entendre avec l'étranger.

Et ce qui achève de rehausser cet heureux projet, c'est qu'il s'est vu accueilli, avec un empressement dont il était digne, par l'archi-chancelier de la Confédération du Nord.

Je ne suis pas de ceux qui ont eu la velléité de prendre M. de Bismark pour un Richelieu. Je sais, comme le philosophe grec, qu'un bipède qui tient dans sa main six ou huit cent mille animaux de son espèce est nécessairement un grand homme : mais, malgré tout, il ne m'est jamais entré dans l'esprit que cette face de boule-dogue se soit beaucoup exténuée sur les livres.

Bien que le trismégiste Bismark soit du pays de la pensée transcendante, je ne crois pas que la conciliation de Hegel et de Schopenhauër l'ait souvent empêché de dormir ; je suis même persuadé qu'il a perdu fort peu de temps à lire Jean-Jacques l'évangéliste ; que le *Contrat social* lui est passablement indifférent ; qu'il n'est pas assez niais pour avoir foi aux plébiscites, aux scrutins de liste, aux Constituantes et aux Constitutions, et qu'il croit à l'infaillibilité du Peuple Souverain autant qu'à celle du Pape. Je suppose, en un mot, qu'à défaut de politique spéculative, dont il s'est bien gardé d'embarrasser sa cervelle, il possède un certain instinct, un avisement de nature, comme tant d'autres en ce monde, gagne-deniers roués ou postillons roublards. C'est là une force relative. Il sait depuis longtemps ce qu'est chez nous une Constituante : une collection de hobereaux, nommés par les marchands de pourceaux ; êtres ignares, sans cœur et sans intelligence, ventres épais, fortes mâchoires, prêts à vendre dix fois la France afin de garantir leurs fermages. Joignez à ce bétail de haute graisse quelques barons de la grande industrie et de la finance, qui ont livré le pays par leur Traité de Commerce en attendant de trahir ses armées, et vous aurez, un président Schneider en tête, ce qu'on appelle en France la *représentation nationale.* Qu'importent à ces gens-là l'intégrité du territoire et la dignité de la patrie ? Est-ce qu'ils ont une patrie ? Quant aux milliards d'indemnité, autant à reprendre sur les cultivateurs qu'ils exploitent, lesquels eux-mêmes feront leur reprise sur les consommateurs des villes, dont les comptes seront finalement réglés à coups de chassepot, comme ils le furent à Rive-de-Gier, à la Ricamarie, à Aubin. Ce n'est pas là une affaire ; c'est dans la tradition de l'oligarchie bourgeoise ; c'est de l'économie orthodoxe.

M. de Bismark connaît si bien son monde, il a si parfaitement saisi la portée et la signification pratiques de ce projet de Constituante, qu'il y est revenu avec une complaisance marquée, une insistance particulière, un regret non équivoque, dans sa circulaire aux Puissances.

Fait significatif, qui ouvrirait les yeux des aveugles-nés, mais qui n'ouvrira pas ceux de nos gouvernants.

Rien n'y fera ; dès qu'ils le pourront, ils appelleront leur Constituante, ni plus ni moins qu'en 48 ; ils convoqueront leur Constituante, et ils seront les seuls à ne pas voir que cette pitoyable assemblée, composée des mêmes éléments qui la formeraient aujourd'hui, simple réédition du ci-devant Corps législatif, sera discréditée d'avance et flétrie, Dieu merci, par le laisser-passer que lui offrait si bénévolement M. de Bismark ; ils ne sauront pas voir qu'aux yeux de tous les Français patriotes ses décrets porteront toujours la marque de la Prusse et l'estampille du roi Guillaume.

Sempre bene ; plus cette assemblée sera vilipendée, bafouée, honnie et frappée d'impuissance, mieux cela vaudra et mieux iront les choses.

Qu'elle s'avoue monarchique ou s'intitule républicaine, sa Constitution que je vois venir, œuvre mort-née comme ses devancières, sera depuis quatre-vingts ans la *dix-septième* : chiffre assez concluant, pour qui sait voir. Mais quoi? ce n'est pas encore septante, ni sept fois septante. Cependant on connaît maintenant la physiologie des Constitutions, on sait ce qu'elles vivent, en moyenne la vie d'un lapin ; on sait ce qu'elles valent, la valeur du papier de rebut; on sait ce qu'elles coûtent, nous en payons présentement le bilan; on sait la loi de leur succession : parlementarisme, république, despotisme, — le cercle se resserrant toujours comme la spirale d'un tourbillon, jusqu'au gouffre béant, qui fait le centre. Vous nous avez amenés naguère à deux doigts du plongeon; nous l'aurons trop échappé belle et nous n'entendons plus recommencer ce jeu circulaire, qui serait la mort, et pour de bon cette fois. Nous en avons assez de votre empirisme doctrinaire; c'est pour notre propre compte, s'il vous plaît, que nous subissons en ce moment les tiraillements gastriques de la famine ; c'est notre peau, messieurs, celle que nos mères nous ont donnée, que nous exposons devant l'ennemi. Nous sommes désormais trop payés pour nous montrer comme autrefois d'humeur accommodante. Nous ne sommes pas assez sots pour imaginer que l'expérience vous ait instruits, ni qu'elle puisse jamais vous instruire; donc à votre aise : mais s'il vous semble bon, avec vos ineptes routines et vos Constitutions bourgeoises, de recommencer automatiquement les errements de 48 et ce qui s'en est suivi depuis Belle-Ile et les fusillades des Tuileries jusqu'au présent siége de Paris, il ne nous convient pas à nous d'engager nos enfants dans le même cercle de misères que nous avons décrit pour votre bon plaisir; nous sommes instruits à nos dépens, amplement édifiés, je vous le jure, mal en train de plaisanter, absolument fixés sur la manière dont nous aurons à vous répondre.

Réactionnaires de toutes catégories, c'est à vous que ce discours s'adresse : nous attendons vos Constituants.

Que si l'acte préambulatoire de leur Constitution future devait être la convention ou la confirmation d'une paix humiliante, oh! alors, cela deviendrait de plus en plus simple. Il ne s'agirait plus de vingt-quatre heures, ce serait tout de suite. *Signa canant.* — Mille pardons, j'oubliais que depuis que ses fils font leurs études dans ce qu'ils appellent des lycées, la classe dite éclairée n'entend plus le latin; — je traduis donc tout simplement que nous ferions accompagnement aux paroles de vos décrets avec les flûtes perfectionnées que la fortune de la Révolution a mises dans les mains des *blousiers*.

Ou, pour être bien explicite, nous recevrions à coups de fusils le décret de capitulation et les lâches qui l'auraient signé.

Est-ce clair?

Maintenant, *nota bene*, — je suis désolé de parler encore latin, — nous appellerions une paix honteuse celle qui livrerait à l'ennemi les clefs de la France, ou ses revenus, ou son industrie et son commerce; nous appellerions une paix honteuse celle qui prosternerait la Révolution, qui est l'âme et l'idée de la France, devant la monarchie, représentée par le roi-caporal, Guillaume de Prusse.

Victorieux ou vaincus, nous n'admettons pas de pacte avec l'ennemi. Guerre à mort, lutte de cannibales. Qu'il essaye d'écraser la France, s'il la tient sous sa botte; il ne la tuera pas, car on ne tue pas les Dieux et la France est divine, puisqu'elle est la Révolution.

La France prise à la gorge ne doit jamais demander merci : s'il était possible qu'elle pérît, elle devrait le faire plutôt que de s'avilir, car l'idée qu'elle personnifie est plus qu'une idée nationale. Voilà ce que sent instinctivement, dans la dernière chaumière de France, quand elle envoie à la mort son dernier fils, la plus ignorante des vieilles femmes et ce que vous ne comprendrez jamais, bourgeois strumeux et lardacés, grotesques successeurs ridicules de ceux de 93.

Aussi qu'avez-vous répondu quand l'archichancelier du Nord vous a fait observer qu'après tout « l'honneur national de la France n'avait rien qui pût être essentiellement distinct de l'honneur national tel qu'il est entendu chez tous les autres peuples? » Vous êtes restés bouche close; vous n'avez pas su lui répondre que ce qui différencie essentiellement le devoir national de la France, c'est qu'elle ne résume pas seulement les intérêts solidaires d'une agglomération d'hommes réunis sur un territoire, elle représente avant toutes choses la négation de l'autoritarisme, le renversement de toute institution et tradition absolutiste, la démolition des pouvoirs, la délivrance des peuples, la revendication des opprimés, la libération du travail, la lutte du droit contre la force :

« Guerre aux tyrans, paix aux chaumières ! »

C'est qu'elle ne s'appartient pas à elle-même, mais bien à la Révolution; c'est qu'elle est, en un mot, et nargue de ses défaillances, la nation révolutionnaire, le héraut de l'humanité·

Vous, vous n'oserez pas le dire, mais nous le dirons pour vous.

Et quant à ces arrière-pensées de Constituante et de Constitution, qui n'ont un autre but que de nous engager de nouveau sur le terrain mouvant des aventures princières et des fantaisies dynastiques, dont nous avons assez, nous le déclarons d'ores et déjà que demain comme aujourd'hui, après la guerre comme à présent, *la réunion d'une Assemblée constituante serait simplement un acte de haute trahison nationale.*

Constituer, réglementer, décréter, administrer, centraliser, encaserner et militariser, il n'est plus question de ces routines. Arrière les aligneurs ! à bas les abstracteurs et les spodizateurs ! Le sophisme s'est écroulé, le prestige s'est évanoui, l'édifice d'imposture s'est effondré, battu en ruines avec le canon Krupp. Il s'agit d'entrer honnêtement, virilement, dans la voie du vrai. Il s'agit de probité et de modestie démocratiques ; il s'agit d'*organisation*, sociale et contractuelle et coopérative, communale, régionale, provinciale et fédérale.

Républicaines ou monarchiques, mensongères ou gothiques, à bas toutes les Constitutions ! à bas toute centralisation !

Il n'est pas nécessaire d'être bien érudit pour s'aviser que les grandes catastrophes militaires n'ont pas commencé dans l'histoire avec Reischoffen et Sedan. Chaque siècle comporte les siennes. Il n'est pas nécessaire d'être un moraliste profond pour savoir que les hommes ne sont pas des héros : les majorités ne vivent pas plus d'abnégation que d'ambroisie : elles se nourrissent matériellement d'intérêts positifs, de nonchalance et d'habitudes, de vices moyens et routiniers, comme de bourgeoises et médiocres vertus.

Au lendemain de tous les désastres, un peu plus tôt un peu plus tard, la majorité numérique d'un peuple battu se déclara toujours pour la paix à tout prix. Les mêmes hommes qui criaient hier : « Vive la guerre ! » crieront demain : « Vive la servitude ! » avec la même fureur. L'histoire vient, juge en dernier ressort, flétrit de sa froide condamnation ces défaillances des majorités, dignifie la résistance des minorités énergiques, odieuses à leurs compatriotes non moins qu'à l'ennemi victorieux. Qu'importe le jugement de l'histoire ? La même chose se renouvelle indéfiniment. Dans toutes les crises nationales, il est de fait que la vraie nation, qui sauve le reste, s'est toujours appelée minorité. Quel peuple existerait sans les protestations historiques de ces minorités? Les considérations alléguées de siècle en siècle par la majorité comme motifs de bon sens et de sage résignation, au fond simple affaire de décence, ne sont que des clichés, littéralement les mêmes, qu'on voit se remontrer périodiquement, comme des culs-de-lampe, quand on parcourt les annales des peuples. Vieux comme le monde! Les peuples n'étant pas des êtres que l'intelligence dirige, comme ils ne sont mus et régis que par la brutale fatalité des événements et de leur propre instinct animal, comme l'histoire est pour eux lettre morte, nous devons nous attendre à revoir demain ce qui s'est toujours vu, ce qui se verra toujours, tant que le canon sera *l'ultima ratio* des peuples et de ceux qui les exploitent.

C'est en de telles perspectives que l'organisation d'une ligue puissante de *résistance* patriotique est un devoir impérieux, une précaution d'urgence, pour les hommes, toujours peu nombreux, qui se trouvent être assez dégagés de l'état instinctif et machinal pour savoir profiter des leçons du passé.

Un peuple n'a pas le droit, ni par lui-même ni par délégation, de rien aliéner de son territoire ni de rien livrer de son honneur. Ce ne sont pas là choses qui lui appartiennent; il n'en est que dépositaire. C'est un double héritage, matériel et spirituel, doublement inviolable, qu'il doit transmettre intact à ses descendants, comme il l'a reçu de ses ancêtres.

Un peuple n'a pas le droit de livrer, par acte de cession, comme on cède un bétail avec la terre qu'il fertilise, des populations qui lui sont unies dans la solidarité d'une vie commune. Ce droit consécutif aux hasards de la guerre est dans la tradition monarchique et divine; l'idée démocratique le répudie.

Si le châtiment, qui ne manque jamais de suivre les indignités nationales, ne frappait que la génération coupable, ce serait justice; mais il déborde sur l'avenir des générations à naître, avenir que le présent n'a le droit de présumer ni d'engager.

Un peuple n'a pas le droit de se suicider; car un peuple ne s'appartient pas; il appartient à l'harmonie générale, aux destinées du monde.

En présence de l'envahisseur, ceux-là sont les seuls vrais représentants d'une nation, qui luttent jusqu'à la mort pour son indépendance. Quiconque pactise avec l'étranger, est déchu par ce fait, de toute dignité et de tout mandat. *Adversus hostem æterna revendicatio esto;* contre l'ennemi, la revendication doit être éternellement réservée. C'est là un principe absolu. Tout traité de soumission n'est en fait et ne peut être que mensonge et trahison bilatérale.

Conservateurs de la dernière étincelle qui rallumera le foyer de la vie nationale, une trentaine de chasseurs d'isards, dans une vallée perdue des Alpes ou des Pyrénées, qui combattent sous le drapeau national, pourront être de fait les seuls vrais représentants de la France, envers et contre les décrets d'une réunion de gâteux, soi-disant représentants du Peuple.

Autre chose est un peuple, autre chose un troupeau. Un peuple n'est pas un simple agrégat de bipèdes humains de toute taille et de tout poil. Un peuple a pour mission d'exprimer dans le monde une idée : c'est sa vie et son âme. Ceux-là sont entre tous le cœur de la nation, qui sont le mieux pénétrés de cette idée nationale ; ceux-là sont l'énergie et l'avenir de la France, qui sont le plus vigoureusement animés de son souffle et de son esprit, la pensée de la Révolution dans son indomptable fierté, dans sa résolution de lutte à outrance.

C'est d'eux qu'il est écrit : *Qu'ils sont le sel de la terre;* car le reste, sans eux, ne serait qu'une masse incohérente, qui ne tarderait pas à se résoudre en liquéfaction.

Debout, Républicains ! Ceignons nos reins et soyons forts : dans notre ligue de résistance à mort, résidera l'âme de la patrie.

Cela nous fait, si je compte bien, à peu près deux raisons nouvelles.

J'en aborde une dernière, qui ne sera pas longue à déduire.

On a pu, il y a quelques jours, se flatter que la Victoire, dédaigneuse des aigles de l'empire, commencerait à regarder tant soit peu du côté de nos drapeaux. La reprise d'Orléans par nos troupes avait ouvert cette phase nouvelle. Nous avons livré, à portée de nos forts, de vaillantes et solides batailles, qui ne sont pas des triomphes, mais qui ont étonné l'ennemi, en même temps qu'elles lui ont fait subir des pertes sérieuses. Cependant les armées des départements marchent ensemble à notre secours. Tout cela a remis le cœur au ventre des Parisiens ; on ne rencontre plus dans les rues que des physionomies héroïques, et ceux qui ne se battent pas, n'ont pas les mines les moins guerrières. Bravo ! messieurs, c'est à merveille ! bon nombre d'entre vous, et des mieux pensants, s'il vous plaît, n'avaient pas si fière attitude au lendemain de la reddition de Metz. J'aime infiniment mieux celle-ci. Tous, aujourd'hui, montrent du cœur ; tous rivalisent de dévouement et font assaut de valeur civique ; réguliers, mobiles, francs-tireurs et gardes-nationaux, les quartiers populeux comme le Ier arrondissement, tous les héros du 31 octobre, ceux qui firent la journée et ceux qui firent la nuit, les incarcérés mis à part, lesquels réclament, avec juste insistance, leur droit naturel de mourir.

Si j'étais homme de guerre et qu'il me fût permis d'avoir une opinion sur les questions de stratégie, j'aurais peut-être préféré, pour mon goût personnel, une intrépidité plus rassise une résolution plus froide et plus prévoyante, des agressions moins ambitieuses, ménagées, incessantes, avec des diversions habiles, qui harcelleraient l'ennemi, sans trop nous pratiquer de saignées, jusqu'à la grande action qui serait combinée avec l'attaque des armées provinciales.

Notre récente affaire d'Orléans, si nous devons prendre au pied de la lettre la communication prussienne, deviendrait une preuve nouvelle à l'appui de cette manière de voir. Notre infériorité militaire, quoi qu'il en coûte à notre vanité gauloise, est évidente, démontrée par des preuves de fait trop répétées ; en pareil cas, il ne reste plus de recours à un peuple, le temps aidant et la saison d'hiver, que dans le système des actions fractionnées, je ne dis pas celui des guérillas ; — nous n'en sommes pas encore là. En dépit de tout, il n'y a pas trop à se plaindre pour le quart d'heure du caractère français. Chacun se montre énergique et fait gaillardement son devoir. Si nos blessés restent quelque peu trop longtemps, on a dit vingt-quatre heures ou même trente-six, sur le champ de bataille, sans doute il faut s'en prendre moins à l'incurie de l'intendance militaire qu'à la rareté des ambulanciers, qui foisonnaient hier et qui manquent aujourd'hui, apparemment pour cette raison que tout un chacun fait le coup de feu. Tout cela est plein de promesses pour notre délivrance et de menaces pour l'envahisseur ; mais il ne s'agit pas de nous abuser : il nous faut aborder franchement la situation, nous défendre des illusions pour ne pas éprouver de faiblesses. Une grande bataille est imminente, un engagement catalaunique, une collision de géants, entre nos forces combinées et les armées de la Prusse. Il serait par trop banal de dire que nous serons vainqueurs ou défaits, et que le résultat de cette journée sera d'une portée immense.

Mais il est bon de prévoir quelles seront dans un cas ou dans l'autre les conséquences de l'événement.

Vaincus, nous l'avons déjà dit, nous serions témoins d'une débâcle, et nous avons déterminé quelle besogne nous aurions à faire. En présence de la panique et de l'envahissement, notre union de résistance serait alors la dernière digue.

On a beaucoup parlé de vaincre ou de mourir, phrase consacrée. Mais quoi? s'il ne s'agissait plus que de mourir? Alors plus que jamais il faudrait connaître son devoir et l'accomplir.

Quelle différence étant vainqueurs! — Voyez-vous sur ce champ de carnage, dans ces plaines jonchées des cadavres de ses ennemis et de ses libérateurs, la résurrection de la Patrie? Quel fait grandiose que cette rencontre, cette jonction chèrement obtenue de toutes les forces nationales! Quels embrassements et quelles acclamations, et quels pleurs et quelle joie! Et l'entrée dans Paris, délivré de cette ceinture de fer! Quelle marche triomphale, quel accueil des libérateurs et quel panégyrique au nom de la Liberté, des morts ensevelis dans la gloire; — funèbre apothéose qui ne les rendra pas à leurs familles! Lorsque je contemple idéalement cette incomparable vision, lorsque je précipite mon esprit dans cet avenir qui, j'espère, n'est pas éloigné, je sens que mon cœur se dilate, et je prends d'avance, pour plus de sûreté, ma part de cette allégresse immense.

Pénible est-il de retomber de ces extases dans la froide réalité, et pourtant il le faut. Il n'est si belle fête qui n'ait son lendemain. Les premières effusions passées et le premier enthousiasme calmé, il est à craindre qu'en nous regardant les uns les autres dans le blanc des yeux, comme on dit, nous n'apercevions qu'il est plus facile de se lever de concert dans un effort d'héroïsme pour empêcher la Patrie de mourir que de s'entendre pacifiquement pour la faire vivre. Passablement hétérogène sera cet ensemble d'éléments réunis de toutes les parties de la France, amenés par la pensée commune du salut national, mais d'ailleurs étrangement divers, en présence, en contact dans nos murs de Paris. Picards épais, routiniers intraitables; Normands cauteleux, sceptiques, légistes, orléanistes; Bretons loyaux, têtus, ignorants, dévots, monarchistes et décentralisateurs, assistés des Vendéens, des Angevins, des Manceaux, analogues bien que moins valant; Auvergnats positifs, carrément établis, pour lesquels a coulé le Pactole des largesses bonapartistes ; Méridionaux bavards, outrecuidants, imaginatifs et mobiles ; Gallo-Romains du Centre, inconsistants, assouplis de vieille date par leur immémoriale servitude administrative ; citoyens des grandes villes, républicains et frondeurs ; démocrates de Paris, conspirateurs, déclamateurs, et socialistes.... si tous ces hommes en armes pour la défense du sol français, prévenant les frais et les lenteurs d'une représentation nationale, convenaient d'un jour et d'un lieu pour débattre en commun leurs prétentions, nous aurions là un singulier congrès, et qui pourrait finir comme les diètes de l'ancienne Pologne.

Il va sans dire que ce n'est pas là ce que nous avons à craindre ; mais il ne faut pas nous dissimuler que l'élément réactionnaire et monarchique a dans toutes ces masses provinciales une formidable importance.

Il serait puéril aux démocrates parisiens de s'illusionner à cet égard.

Au sein même de la capitale et dans les rangs de ses défenseurs, nous retrouvons ce même élément réactionnaire, moins honnête qu'en province et plus dangereux, habile à se concerter, qui entend bien mettre en œuvre pour ses desseins les forces inconscientes que lui amèneront les provinces, et n'attend que l'instant opportun pour juguler la République.

Ce parti, qui prend tous les masques, est d'autant plus à redouter que les hommes dont il se compose sont en ce moment, un bon nombre du moins, vaillants à contre-cœur, aigris, exaspérés de cet héroïsme que leur impose le fanatique entêtement de la plèbe.

Aigris encore par le scandale, — obligés qu'ils se voient d'y assister l'arme au bras, — de tous ces clubs révolutionnaires, destructeurs de l'ordre social, où les fictions battues en brèche s'écroulent ; révoltés par le spectacle indécent de toutes ces réunions publiques où les iniquités se dénoncent, où s'exposent les turpitudes, où s'évanouit insensiblement le prestige de la classe nantie, le respect que prétendent imposer les hommes riches ; irrités par cette propagande et cette organisation républicaines qui démolissent sous leurs yeux leurs priviléges, sapent le régime capitaliste avec ses forts et contreforts, l'exploitation du travail, les prélibations, les sinécures officielles, les monopoles, la piraterie financière, la flibusterie industrielle, le banditisme commercial.

Mettons-nous à leur place ; est-ce que ce n'est pas horripilant ?

On dit communément que le plus féroce des animaux est le mouton enragé. Plus à craindre est le poltron que vous aurez forcé de marcher entre quatre fusils : il ne vous pardonnera jamais la peur inavouée que vous lui avez fait ressentir. Plus redoutable encore est le ventru que vous aurez obligé de vivre, sans qu'il ait osé souffler mot, à la spartiate : j'ai surpris dans les yeux de gens de cette catégorie, quand on parlait devant eux de résistance famélique, jusqu'à la dernière bribe de pain, des éclairs fauves. Que les Républicains se tiennent pour avertis : ceux-là ne leur pardonneront jamais de les avoir privés de beurre et réduits aux beefsteacks de cheval.

Idéologues malencontreux, qui avez découvert l'anarchique noirceur de vos âmes en proposant de sauver la France à l'agonie par des procédés héroïques, des moyens horrifiques et sortant des règles apprises, socialistes trouble-ménage, prenez garde au lendemain et craignez le châtiment. Déjà nous rouvrons sous vos pas les caves discrètes des Tuileries, les cabanons de Lambessa et de Cayenne. Les escogriffes et les maroufles, acclamés de l'immense troupeau des ganaches, des besogneux et des simples, reprennent leurs places sur les mêmes siéges de gloire et d'autcrité qu'ils occupèrent toujours depuis que le monde est monde ; les généreux, les braves, les dévoués, les penseurs sont, comme par le passé, honnis, flétris, proscrits, déportés, fusillés, et l'ordre est rétabli, ce bel ordre de Dieu, qu'il institua dès l'origine quand il créa les sociétés.

Eh bien ! j'espère malgré tout cela, — *spem contrà spem*, — en ma qualité d'homme de désordre, que les hommes d'ordre et de modération seront déjoués dans leurs calculs et leurs rancunes.

Etrange sera l'anomalie et nouvelle autant qu'on voudra, mais je me complais à croire que depuis vingt ans les démocrates ont appris, grâce à ces ennemis sans pitié qui les ont en horreur et qu'ils ont en mépris, une certaine expérience. Ils ne peuvent ignorer maintenant qu'une des naïvetés du monde les plus enfantines est de s'imaginer conduire les hommes par des harangues et plus naïve encore la prétention de les convaincre par la raison. Il ne serait pas moins vain de prétendre les dominer par contrainte dictatoriale, quand on ne possède pas plus de force matérielle que celle dont peut disposer la démocratie proprement dite. Pour sa gouverne, elle ne peut trop se rappeler qu'hier encore ce grand peuple français, à la veille de l'effondrement de l'empire, a, dans son infaillibilité souveraine, consacré solennellement le régime impérial par sept millions et trois cent mille bêlements approbatifs ; que ce n'est pas lui, mais l'artillerie prussienne, qui a fait crouler cette fiction dont il était infatué ; qu'il ne faut pas seulement des mois, mais des années, pour que l'empreinte de la légende napoléonienne achève de s'effacer dans la compacte cervelle du campagnard ; que si, en attendant, toutes ses conceptions traditionnelles étant bouleversées, désorientées, il admet ou subit cette chose inconnue dite République, c'est malgré qu'il en ait, à son corps défendant, ne pouvant plus suivre la pente de sa routine invétérée. On n'improvise chez un peuple les idées et les mœurs et le bon sens pas plus que les institutions.

Mais il est une puissance, une seule, inéluctable, qui dirige en effet les hommes, les contraint ou les brise, puissance qui n'est pas la raison des discours, mais des choses, la NÉCESSITÉ.

Nous devons parfaitement nous attendre à ce que les vieux partis, dans leur inintelligence absolue du mouvement social, fassent des efforts obstinés pour remettre debout ces institutions vermoulues qui ont fait la ruine de la France.

Ils tâcheront, avant tout, de ressusciter cette magnifique armée permanente, cette soldatesque césarienne, fondement et garantie de tout ordre autoritaire, anéantie dans les champs de la Lorraine en expiation de ses exploits dans les rues de Paris, ou livrée par ses conducteurs et capturée comme des troupeaux ;

— Ils essayeront de restituer à nos villes de garnison ce brillant état-major, produit hybride du crétinisme saint-cyrien et de l'ancienneté mécanisée, dont l'impéritie a fait le triomphe et les gorges-chaudes de nos ennemis ;

— Ils travailleront à reconstituer le faisceau de cet irrésistible pouvoir central, omniprésent, omniscient, omnipotent, qui s'écroule tous les dix-huit ans (témoins : Napoléon Ier, la Restauration, la Monarchie de Juillet, le second Empire), et qui nous a conduits en fin de compte à l'abîme ;

Ils s'appliqueront à redorer le prestige de cette autorité monarchique, noyée dans l'infamie de Sedan, comme si quelque nouveau Louis-Philippe, avec le parapluie et les vertus de famille, pouvait jamais remplacer, dans l'idéal des multitudes,

pas plus qu'en haut de la Colonne, l'homme fastique à la
redingote grise ;

— Ils s'efforceront de nous reconstruire cet incomparable
fonctionnarisme, chef-d'œuvre du génie napoléonien, que tous
les peuples nous enviaient ; cet immense encasernement de tout
un peuple, ce mécanisme administratif dont nous voyons les
résultats ultimes ;

— Ils feront tout pour restaurer cet abrutissant régime pré-
fectoral, dont les ignominies à la façon de Nancy, plus appa-
rentes aux yeux de la foule que ses longues turpitudes bureau-
cratiques, nous ont dit le dernier mot ;

— Ils s'évertueront à relever le crédit de l'État, obéré de vingt
milliards ; ils se flatteront de parvenir, avec les invocations
magiques de leurs financiers, à conjurer l'avalanche imminente
d'une banqueroute de cinquante milliards, dette publique ou
privée, tout cela ne faisant plus qu'un dans une crise de liqui-
dation générale.

Vains efforts ! la dissolution qu'ils ont amenée, qu'ils ont
voulue envers et contre toutes les prédictions, est forcée : les
vieilles institutions sont mortes avec cette féodalité des écus
qu'elles ont laissée en décomposition. La phase où nous en-
trons est celle d'un cataclysme économique et social qui dépas-
sera, comme les derniers événements, les prophéties des Ezé-
chiels les plus atrabilaires et que rien n'empêchera, parce qu'il
ne sera pas dans les volontés des hommes, mais dans le mouvement fatal des choses.

En entrant dans cette sombre époque, les démocrates français,
qui voient en général, comme les damnés du Dante, à travers
la brume de l'avenir, à quelques pas, avec une mauvaise vue,
un peu plus loin que la masse de leurs compatriotes, les démocrates n'ont qu'une ligne de conduite à se tracer en face de
l'ennemi du dedans : s'organiser, se grouper, se fortifier,
résister, attendre.

Qu'ils se hâtent de mettre à profit la liberté qu'ils ont encore, sous le feu de l'ennemi étranger. C'est le défaut d'organisation qui a toujours perdu la démocratie ; qu'elle sache
une fois s'entendre et se discipliner, rien ne lui résistera : *In
hoc signo vinces*. Dès à présent qu'elle le fasse à Paris, et, aussitôt les communications rétablies entre la tête de la France et

ses membres, que le mouvement rayonne en tous sens, dans toutes les villes de nos provinces. De même qu'autrefois l'affiliation des Jacobins, la LIGUE RÉPUBLICAINE DE RÉSISTANCE, après avoir sauvé l'honneur et l'indépendance de la Patrie, sauvera aussi l'avenir de la Révolution.

Comme à l'époque des invasions gauloises l'élite des guerriers se reliaient entre eux sur le champ de bataille par un système de fortes chaînes pour faire une masse impénétrable, nous devons à leur exemple, au milieu de la bataille sociale, nous grouper autour du drapeau de la Justice, rattachés entre nous par le lien d'une vaste solidarité. En dehors de nous les partis s'agiteront vainement : leurs agitations ignorantes ne feront que hâter l'œuvre de ruine; en s'efforçant de reconstruire dans l'obstination de leur hébétement ce qui ne peut plus exister, ils consommeront la démolition prédestinée.

Et quand les temps seront expirés, quand aura sonné l'heure de l'accomplissement, anticipateurs de l'avenir, nous serons demeurés intacts, nous aurons tenu en échec les entreprises anti-républicaines, soutenu leur choc sans fléchir; nous serons devenus nombreux et forts, et nous prouverons enfin, scandale du monde étonné, que la maxime des penseurs d'autrefois : « *Aux meilleurs la direction* » a cessé d'être une utopie.

VIVE LA RÉPUBLIQUE UNIVERSELLLE !

8 *décembre 1870.*

E. LEVERDAYS.